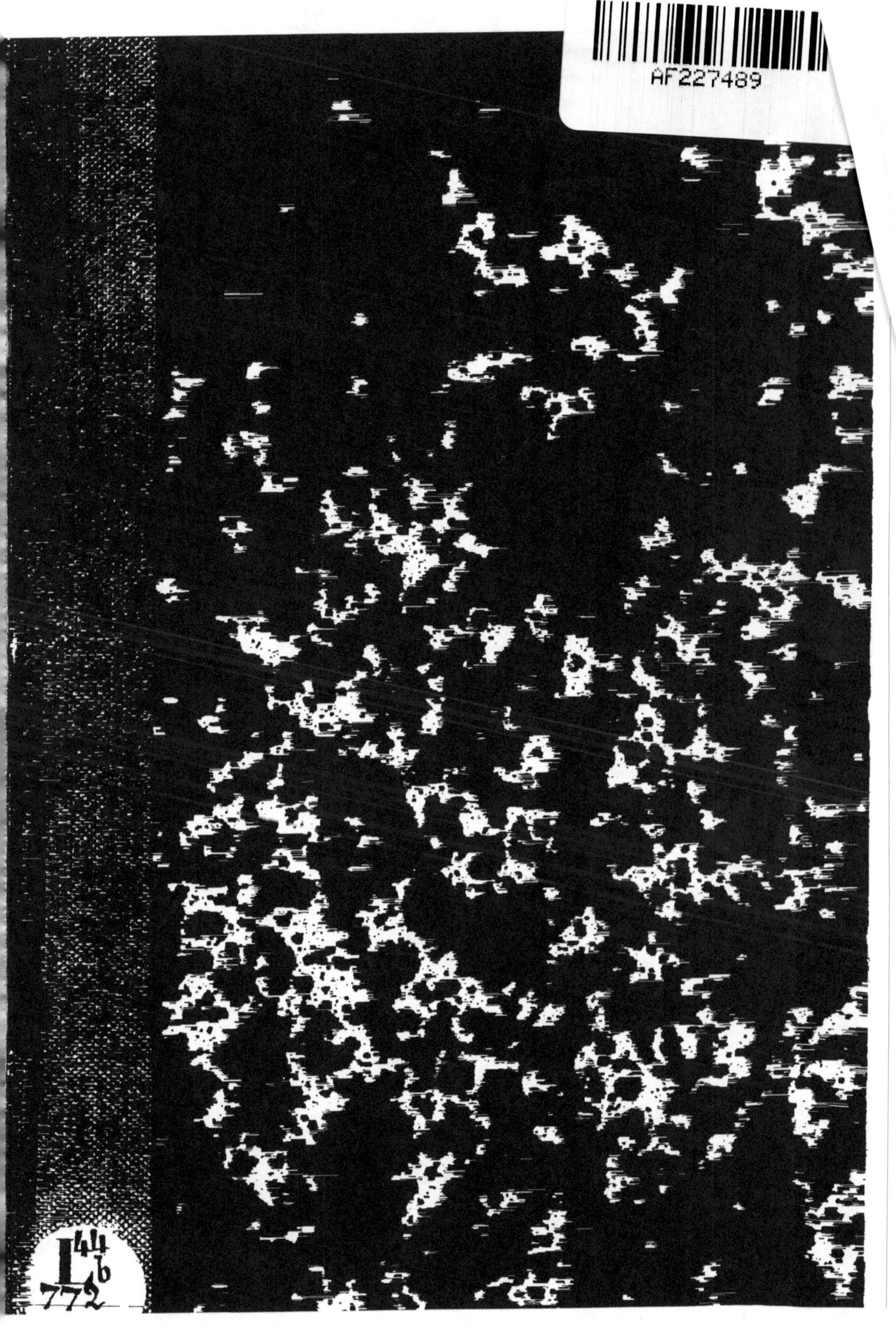

LA POLOGNE

L'EMPEREUR

NAPOLÉON Iᵉʳ

ET

LA SAINTE-ALLIANCE

PARIS

E. DENTU, LIBRAIRE-ÉDITEUR

PALAIS-ROYAL, 17 ET 19, GALERIE D'ORLÉANS

—

1864

LA POLOGNE

L'EMPEREUR NAPOLÉON IER

ET LA SAINTE-ALLIANCE

I

Les augustes paroles de l'Empereur Napoléon III à l'ouverture des Chambres et son appel à la décision d'un congrès européen, ont révélé le véritable sens politique de la question polonaise.

En exprimant l'impression qu'elles exercent encore après un laps de quelques mois, nous ne croyons être en retard, ni pour le temps, ni pour les événements. Car, dans la raison de ceux qui réfléchissent sérieusement, ces paroles restent fixes et permanentes ainsi que le sont la grande idée qu'elles contiennent et la situation dangereuse qu'elles définissent. C'est en vain qu'un groupe d'hommes d'État, mû par de petites passions, cherche à effacer l'impression qu'elles ont produite en Europe, en préoccupant les esprits d'incidents secondaires. Le public n'est calme que par l'attente des effets que les paroles de l'Empereur et l'acte invitant au congrès produiront dans la bienfaisante œuvre de la régénération générale.

Il est vrai que des quatre États qui composent aujourd'hui avec la France la pentarchie européenne, aucun n'a adhéré sérieusement au programme impérial. Mais, il est d'autres puissances qui, par leur organisation et leurs ressources, ont des aptitudes suffisantes pour entrer au sein de cette pentarchie et qui adhèrent sans réserve à une noble proposition tendant à élargir et à consolider leur influence.

Quoi qu'il en soit, la diplomatie occidentale, agissant jusque sur les dispositions des Français, persiste à soutenir que l'assistance isolée de leur pays en faveur de la Pologne n'amènerait qu'un bouleversement fâcheux, sans résoudre définitivement le problème. Pour réfuter cette assertion si absolue, nous retracerons dans un succinct aperçu historique le rôle que joua la question Polonaise dans la lutte entre la régénération de 1789, représentée par l'Empereur Napoléon Ier, et le système de la sainte-alliance, et nous exposerons le caractère des éléments constituant cette lutte, qui dure jusqu'aujourd'hui. C'est ainsi seulement que nous arriverons à prouver que la solution favorable de la situation actuelle est possible, même pour la France abandonnée des quatre puissances, sur lesquelles elle croyait pouvoir compter. Car cette solution ne dépend pas des forces extérieures qui pourraient tourner contre elle, et que nous réduirons à leur juste valeur, mais de l'attitude de la France, de la confiance qu'elle aura d'elle-même et de la parfaite appréciation de ses propres forces.

La première condition essentielle pour faire naître cette confiance, c'est le sentiment de l'unité en vue du but proposé : c'est-à-dire la réunion de tous les partis, de toutes les individualités respectables, collectives et personnelles autour du pouvoir qui dirige le pays. Afin qu'un tel ordre d'unité puisse s'établir, il faut que l'entente éclairée de toutes les échelles de la société française résume le sens politique de la question Polonaise comme l'un des intérêts les plus vitaux pour l'avenir de leur propre patrie. Il faut que le sentiment inné qui soulève le cœur du peuple français au nom de la Pologne, soit envisagé non-seulement comme l'expansion enthousiaste d'une sympathie fraternelle, mais tel qu'il est en principe, l'expression d'une politique sage et prévoyante, *une grande raison d'État, la sécurité et l'avenir de la civilisation.* Sur le terrain ainsi défini la question Polonaise rallie tous les Français dans l'amour de leur propre patrie. Qui aurait pu mieux faire entrer le pays sur ce terrain et le guider dans cette voie salutaire, que les deux corps de l'État, émanant directement ou indirectement du vote universel, réunissant dans leur sein toutes les sommités du mérite, de la tradition, de la position sociale présente, des influences, des lumières, des talents et des vertus civiques?

Ce n'est cependant pas à ces notabilités que nous adressons l'exposition par laquelle nous prétendons élucider l'état actuel des choses. Ces deux corps, tout respectables qu'ils sont, ne représentent encore que les essais répétés de cette forme constitutionnelle qui doit initier les nations à une nouvelle époque. Ressorts puissants pour le développement de la vie intérieure des peuples, ils ne sont pas encore propres à servir le pouvoir exécutif dans de grandes crises internationales. L'histoire est là pour le prouver. Quelle était leur attitude lors des invasions de 1814 et de 1815? Le sentiment de la gêne intérieure, qu'ils sont toujours disposés à ressentir avant tout, étouffait toutes les autres considérations politiques. Le tempérament gaulois a donc prévalu, et les chefs sous les ordres de Vercingétorix l'abandonnèrent seul à l'ennemi. — Cependant, dans de pareils revers, Louis XIV trouva dans le corps de sa noblesse et de sa diplomatie un plus favorable appui. Si nous relevons ces faiblesses des assemblées de 1814 et 1815, ce n'est pas pour les condamner d'une manière absolue; c'est pour faire comprendre que ces institutions représentatives, relevées par Napoléon Ier en vue d'une future réorganisation de l'État, ne pouvaient mûrir sous son règne orageux. Elles étaient créées comme réserve de l'avenir. Surprises par sa chute, elles défaillirent donc, non par la décrépitude, mais par la minorité. Depuis ce temps, au milieu des différentes transformations constitutionnelles, elles ne surent non plus arriver à ce perfectionnement qui consiste à savoir de temps en temps subordonner les aspirations du développement intérieur aux grands intérêts internationaux. Nous avons vu comment furent traités ces graves intérêts par les assemblées de la révolution de 1848. Voilà pourquoi, dans les discussions qui ont eu lieu sur l'adresse à l'Empereur, en réponse à son discours, se firent entendre les paroles : « La France avant la Pologne. » — Comme si le plus puissant mobile qui inspirait l'Empereur en faveur du congrès était autre que celui : *La France avant tout* ! Si les assemblées avaient atteint leur maturité, leur attitude eût été bien autre. Tout en conservant de hautes convenances internationales, elles auraient fait sentir dans l'expression de leur voix qui devait passer à l'étranger, le timbre plus ferme du sentiment national : la *vox populi* qui gît dans les entrailles de leur sol (1). Il serait cependant injuste d'exiger aujourd'hui des assemblées constitutionnelles cette maturité virile qui serait, d'après l'initiateur du siècle, le point culminant de leur organisation : « le couronnement de l'édifice ; » tandis que ce couronnement ne peut avoir lieu avant que les fondements ne soient consolidés. Aussi, notre observation à cet égard n'est faite que pour constater cette position provisoire et pour démontrer en même temps les difficultés qu'elle présente aujourd'hui à la marche libre et nette du pouvoir exécutif. Ces difficultés peuvent être résolues le mieux par la pression de l'opinion publique patriotique sur les deux corps d'État qui certes ne manquent pas de patriotisme.

(1) Avec cette expression on sert dans toutes les questions le pouvoir suprême, quelle que soit la décision qu'il se propose de prendre vis-à-vis de l'étranger.

Le pouvoir exécutif est actuellement placé entre les deux mouvements divergents de l'Empire français, que subit également chaque grand État dans l'ordre politique, ainsi que chaque planète dans l'ordre astronomique : mouvement intérieur, mouvement extérieur. Si, par un phénomène fatal, l'une des grandes planètes, ayant perdu l'élan pour accomplir sa circonvolution, ne faisait que tourner sur son axe, certes elle retomberait lourdement dans les espaces, et se briserait contre les corps célestes qui auraient suivi leur marche régulière. Nous ne savons pas si ce phénomène a jamais détruit une étoile ; mais il a brisé un grand État ! c'est le secret de la chute de la Pologne !

En un mot, la France ne peut entièrement s'absorber en elle. Si ses générations actuelles veulent arriver promptement au perfectionnement désirable de ses éléments libéraux et civilisateurs, elles doivent d'abord faire face aux complications qui entravent sa marche. Résumant notre pensée par une image simple, nous dirons : Elles ne doivent pas s'occuper d'arranger à la hâte leur propre maison, de la meubler à neuf, d'amasser tous leurs trésors précieux au moment où l'incendie gronde autour d'elles, et menace, à la distance d'une ou tout au plus de deux générations, l'existence même de leur patrie. Elles ne doivent pas distraire la sollicitude vigilante de leur pouvoir actuel, occupé à éteindre cet incendie en dérangeant son action par des exigences prématurées.

Si une telle unité s'établissait par la force de l'opinion patriotique, l'attitude de la France imposerait à toutes les forces qui voudraient l'arrêter dans sa marche. Seule, entre les puissances de la pentarchie, représentant les intérêts de la civilisation, elle aurait tous les peuples et tous les États pour elle. En la chargeant de cette mission glorieuse et difficile, la Providence, fidèle à sa logique, lui a fourni les ressources suffisantes pour l'accomplir. Ses ressources, à part sa puissance reconnue, consistent d'abord dans le principe même qu'elle représente. Si on les comparait à celles que pourrait développer contre son action le principe opposé, on verrait que l'avantage est de son côté. La réussite ou l'insuccès sont subordonnés à la justesse de cette appréciation. Or, cette justesse dépend de la connaissance parfaite du terrain sur lequel doit s'étendre son activité, soit par la pression diplomatique, soit par la force des armes.

Le célèbre article du *Morning-Post*, répété par tous les journaux, place justement la question sur ce terrain, et trace vivement la situation actuelle. Il dessine deux systèmes hostiles en Europe, en un mot, deux programmes contradictoires d'organisation sociale et politique. Le premier est en parfaite harmonie avec celui de l'Empereur Napoléon Ier, et porte son nom : Programme Napoléonien. C'est ainsi que l'appelle le livre connu en France sous le titre : *Idées Napoléoniennes*. L'autre n'a pas encore d'autre nom que celui de *la Sainte-Alliance ;* le lecteur pourra le baptiser lui-même, lorsque nous le lui aurons présenté.

II

Nous verrons, dans un rapide aperçu historique, le premier de ces deux programmes se développer, depuis le commencement du siècle, à travers les obstacles locaux, les complications sociales, et les grandes luttes qui ont ébranlé le monde. Arrêté dans sa marche par la catastrophe de 1815, il la reprit bientôt. Il s'étend aujourd'hui dans le Sud et l'Occident, et entraîne les peuples des autres parties de l'Europe. Il ne lui avait manqué pour réussir qu'une seule chose, la juste appréciation de la question Polonaise.

Lorsque la France se régénérait en 1789, la Prusse et l'Autriche, représentant le principe d'agglomération forcée des peuples, ne pouvaient admettre, sans résister à outrance, l'action d'une libre individualité nationale, telle que celle de la France. Elles ont donc fait appel à l'Asie, aux hordes de la sauvage Moscovie, pour se soutenir en Europe. Le torrent aurait débordé plus tôt, si la Pologne n'avait lutté contre lui pendant quelques années. Cette lutte héroïque, de 1791 à 1795, permit à la France d'abord de repousser l'invasion, puis de s'organiser en établissant un pouvoir fort, respecté, doué de toutes les qualités de cœur et de génie, et représentant les tendances invincibles de la nouvelle époque. Le premier choc de la coalition vigoureusement refoulé, l'astre qui devait présider aux nouvelles destinées de l'Europe apparut dans tout son éclat.

L'Empereur Napoléon Ier, après avoir introduit en France une puissante organisation, après avoir préparé avec sollicitude tous les éléments de son perfectionnement intérieur, moral et matériel, s'occupa de la régénération des peuples voisins en les organisant chacun, d'après le principe de leur nationalité distincte, sur lequel reposait la raison d'être de la France. Il releva en même temps le prestige de la royauté, tombée devant la révolution ; il tendait à mettre l'autorité royale en harmonie avec les exigences et les besoins présents des peuples, en retrempant son pouvoir dans la source même où elle doit toujours se puiser. Ses conquêtes provisoires en Italie n'étaient que le premier effet pratique de l'unité future de ce beau pays. C'est encore Napoléon qui, par son action politique, inspira le premier souffle de cette idée unitaire qui remue aujourd'hui l'Allemagne en ralliant les multiples membres dispersés du corps germanique, détraqué par une bizarre constitution. Il réduisit ainsi 284 parcelles de ce corps morcelé en 31 États distincts.

Pour accomplir l'acte de la régénération qu'entreprenait l'Empereur, il lui manquait, comme nous l'avons dit, une seule chose. Il lui fallait trouver au milieu de ces contrées ténébreuses où se constituait le système contraire à sa mission, un point d'appui sur lequel il pût compter, pour ne pas être interrompu par le Nord-Est dans son œuvre réorganisatrice. Il fallait que cette œuvre, à peine ébauchée, ne pût être attaquée par des forces imposantes, tant qu'elle n'était pas consolidée. Ce n'est ni en Autriche, ni en Prusse qu'on pouvait chercher un tel appui. Au surplus, l'Empereur le tenta, mais il échoua toujours devant l'attitude rusée de ces deux gouvernements, devant la facilité avec laquelle ils rompaient leurs engagements au moment qui leur paraissait le plus propice pour arrêter la marche du siècle. Ces alliances fictives ne pouvaient et ne peuvent jamais produire d'autres effets pour l'Occident. La Prusse elle-même, moins hétérogène que l'Autriche, et que l'Empereur favorisait, manqua à la foi des traités en 1807. L'Empereur marcha contre elle rapidement, la défit d'un seul trait et réduisit son allié le tzar Alexandre à la dernière extrémité. C'était le moment où le système du Nord pouvait être renversé à jamais. Il est vrai que, quoiqu'il ne fût pas encore constitué solidement, il eût pu résister à toute autre agression. Mais il aurait fléchi en présence de l'homme extraordinaire qui, avec la rare pénétration du génie, saisissait les éléments propres à servir de base au nouvel édifice et savait les distinguer de ces débris de corruption ancienne avec lesquels il n'y avait à construire rien de durable. Aussi, la première pensée de l'Empereur partie de sa propre inspiration touchait juste au vrai nœud gordien de la question. Il posa la première pierre de la reconstitution d'un grand peuple, antique et fidèle sentinelle de l'Europe. S'il modifia sa première idée de l'entière restauration de la Pologne, il céda au doute que lui suggéra le sens perverti de la diplomatie du dix-huitième siècle, en lui apportant de fausses notions sur les éléments composant les trois empires du Nord. Néanmoins, en luttant tout seul contre l'opinion de son entourage diplomatique et militaire, il créa le duché de Varsovie, 'comme essai de son propre système.

Deux ans s'étaient à peine écoulés, que celui-ci était constitué, organisé et qu'il répondait déjà à l'épreuve. C'était le noyau de l'ancien royaume dont tous les éléments sociaux et politiques s'harmonisaient sympathiquement avec les mêmes éléments en France. Aussi le code législatif de Napoléon s'y implanta facilement. La routine administrative, il est vrai, poussa un peu trop sa pédanterie, en y introduisant des formes et des noms français, tandis qu'au fond il y avait tant de similitude entre les anciennes institutions polonaises et celles de la France moderne, que la Pologne pouvait dans toute l'étendue de son territoire de 1772, et même au delà, accepter et exprimer avec ses formes nationales l'esprit de la législation française. Elle pouvait le cultiver et se l'approprier comme une plante indigène. L'organisation militaire et administrative du Duché marchait à pas rapides sous l'influence vigilante de son restaurateur. L'Empereur put se convaincre bientôt que le point d'appui qu'il s'était ainsi préparé, tout minime qu'il fût alors, n'était pas sans inconvénient sérieux pour ses ennemis dans la guerre de 1809. Il lui rendait à lui-même un service signalé. Pendant cette campagne glorieuse, le contingent polonais du Duché sous les armes combattait avantageusement un corps autrichien de 40,000 hommes sous les ordres de l'archiduc Ferdinand. Sans cela ce même corps se serait trouvé sur le champ de bataille de Wagram. Il eût pu, selon l'assertion de M. Thiers, changer le sort du combat (1). Cette intervention providentielle d'un petit contingent, dans une levée de boucliers gigantesque, ne prouve-t-elle pas que, dans toute œuvre de justice incontestable, il se révèle un pouvoir invisible. En éclairant la conscience des grands souverains, il fait rejaillir la lumière de cette raison qui est la vraie raison politique des États. La Pologne, en se servant des forces qu'on lui avait procurées, les développait dans ses anciennes possessions. S'appuyant sur l'insurrection de la Galicie, elle s'emparait presque de toute cette belle et riche province. Et ce qui est plus, elle maintenait la Russie, prête à seconder l'Autriche à Wagram, dans une attitude indécise. Les troupes russes, alliées de la France, occupaient certaines villes et districts pour les soustraire aux Polonais et les remettre entre les mains de leur complice, l'Autriche. Et c'est contre cette alliance si glissante que devait se briser la première idée de l'Empereur sur la reconstitution de la Pologne. Avec elle se brisa aussi la roue de la fortune polonaise et le grand char du programme

(1) L'histoire cependant ne dit pas où il était et qui l'arrêtait.

impérial. En ce moment Napoléon aurait pu dénouer le nœud gordien de la situation. La Prusse dépossédée déjà et désintéressée de
ses possessions polonaises, l'Autriche vaincue et démoralisée, la
Russie indécise, n'offraient-elles pas l'occasion favorable de recon-
stituer la Pologne dans ses limites naturelles ?

Un acte pareil, mettant en dehors de la loi indulgente, mais excep-
tionnelle des faits accomplis, un crime de cette nature, l'*écartelle-
ment* de la Pologne, comme l'appelait l'Empereur, garantissant
contre l'abus de la prescription l'attentat commis sur la plus sainte
des propriétés, celle d'une grande et noble patrie, ne deviendrait-il
pas une glorieuse et sublime inauguration de la nouvelle époque,
une large base pour asseoir l'ère de la pacification permanente ?

Mais la campagne de 1809 n'était pas préparée dans le but pré-
médité de compléter celle de 1807. Une partie du contingent polonais contribuait à la guerre d'Espagne. Des territoires repris sur
l'Autriche, le duché de Varsovie ne retint qu'une minime partie, la
plus grande revint à son dominateur, et une autre fut abandonnée à
la Russie. — C'est qu'à l'entrevue de Tilsitt une autre combinaison
s'empara de l'esprit de l'Empereur. Sans abandonner entièrement la
cause polonaise, il crut pouvoir trouver dans l'alliance avec Alexandre
le point d'appui qu'il semblait d'abord chercher dans le rétablisse-
ment de la Pologne. Le traité de Tilsitt, voilà donc l'unique point
où l'erreur générale entrava l'inspiration naturelle et la pénétrante
perspicacité de son génie.

III

Ce point, si funeste dans la carrière de l'Empereur, demande un
éclaircissement historique. De toutes les forces qui contribuèrent
à faire prévaloir son programme, il ne lui en manquait qu'une : la
bonne tradition diplomatique. Un groupe d'hommes d'État d'une
sérieuse conscience, versé dans cette tradition et surveillant toutes
ces fluctuations par lesquelles a passé l'Europe en décadence au milieu du dix-huitième siècle, aurait seul pu voir à quel ami ou ennemi
on avait affaire. Les notions fausses recueillies dans les chancelleries
diplomatiques et dans les publications des écrivains auraient été dé-
voilées et auraient fait place aux renseignements précis sur le terrain obscur où gouvernent les trois puissances. Or, les renseignements exacts sont le matériel le plus précieux pour la pensée de
celui qui dirige tout, soit en politique, soit en guerre.

Malheureusement tous les nouveaux éléments intellectuels de la France que l'Empereur appela à la vie pour faire marcher son époque, se concentrèrent dans le camp et ne lui procurèrent que des agents intelligents, des instruments invincibles et fidèles pour produire les grands effets de la guerre et l'éclat de la gloire. Mais en vain chercha-t-il autour de lui quelques-uns de ces talents politiques à large conception, tels que Sully, Richelieu, Colbert et autres qui posèrent les premières bases de la grandeur de la France. Il n'en eut qu'un seul. M. Villemain , dans sa publication de 1854 : *Souvenirs contemporains*, nous le révèle. C'était M. de Narbonne. Ici, la saine tradition de l'ancien temps s'assimile pour servir le nouvel ordre de choses, les indestructibles éléments du bon passé assistaient les éléments vitaux du présent pour préparer l'avenir. Hélas ! M. de Narbonne n'arrivait sur le terrain que trop tard, vers 1812, pour pouvoir exercer, isolé comme il l'était, une influence marquante. D'un autre côté, l'Empereur ne pouvait recevoir aucun renseignement précis sur la Pologne dont on falsifiait l'histoire plus qu'inconnue. On ne retint de sa chute que le cri maudit d'anarchie et de révolutionarisme, lancé contre elle au moment même où elle se réorganisait dans l'ordre, et par ceux-là mêmes qui l'assassinèrent après l'avoir assaillie perfidement à l'ombre de l'amitié. Ce cri et cette accusation n'étant pas contredits par les Polonais qui ne luttèrent qu'avec les armes, se fixaient dans les oreilles de tout le monde comme se fixent toutes les affirmations persistantes , répétées à outrance et avec système, lorsque personne ne leur répond et ne les rectifie. Ils arrivèrent ainsi à la connaissance et à l'oreille de Napoléon Ier et révelllèrent dans sa raison cette méfiance contre la possibilité d'organiser fortement la Pologne qu'il manifesta à M. le comte de Narbonne avant la guerre de 1812. Le vieux gentilhomme du temps de Henri IV, enrôlé au service de son vrai successeur, ne se rebuta pas. Fidèle à son Empereur , il lui riposta par la vérité et d'une manière que les événements semblent justifier. S'il y avait eu en France plusieurs hommes de cette trempe et de ce désintéressement, la fusion des éléments entre le nouveau et l'ancien temps se serait d'abord opérée dans les régions de la science internationale, qui ne trouva pas un légataire universel prêt à gérer l'héritage de ses plus précieux trésors. Renseigné par des esprits sérieux, l'Empereur eût pénétré la vérité, il serait revenu à ses premières inspirations, il aurait deviné, dans les notions fausses de la diplomatie qui le précéda, la pente de décadence et l'odeur des trépassés ; il aurait donc rejeté résolûment l'alliance russe qui ne pouvait que galvaniser en Europe l'ancien régime expirant sous le souffle d'une nouvelle transformation.

Ces impressions fausses sur la Pologne s'insinuèrent d'autant plus facilement dans l'esprit de Napoléon, qu'elles étaient confirmées et en quelque sorte ratifiées par des renseignements plus faux et par des impressions plus illusoires concernant cette question importante : Qu'est-ce que l'empire de toutes les Russies? — Les moyens inouïs que cet empire employa pour entrer dans la pentarchie européenne, moyens uniques dans l'histoire, ont été méconnus de leur temps. Peu discutés et appréciés, il s'effacèrent du souvenir de la diplomatie, comme s'effacent encore aujourd'hui de son entendement les grandes questions permanentes devant les plus minimes. Celles-ci, par leurs actualités fugitives, mais irritantes, excitent de mesquines passions et creusent sous cette enveloppe de sourdes intrigues qui suffisent au mouvement quotidien, à sa vie de papillon. C'est par cette raison que les anciens adeptes entourant l'Empereur n'ont pas étudié avec la sérieuse sollicitude la nature qui caractérisait l'empire de toutes les Russies.

On ne l'entrevoyait que sous la séduisante apparence d'une cour souveraine où brillaient les manières policées et tous les raffinements les plus exquis de l'esprit de l'Occident. On y entendit même parler de liberté, de philosophie, de science et d'arts. On se persuada donc que la séve vigoureuse des éléments civilisateurs bouillonnait déjà dans les entrailles du sol sur lequel s'étendait le gigantesque empire. On croyait de bonne foi que cette cour somptueuse représentait un grand peuple de plusieurs millions de frères de même race, ou se rattachant par l'assimilation historique et politique. Or, toutes ces apparences fascinèrent le monde occidental mal renseigné, car la cour de Saint-Pétersbourg n'est en réalité qu'une agence politique du cabinet tzarien, disciplinée et dirigée pour servir, selon ses facultés, son système d'envahissements séculaires. Quant au grand peuple qu'on avait cru apercevoir à travers les rayons de ce sommet brillant, ce n'était qu'un amas des hordes asiatiques, rivant brutalement à leurs chaînes natives les peuples spoliés.

Le traité de Tilsitt n'ayant statué rien de précis dans le Nord, l'Empereur pressa trop vivement l'œuvre de la régénération espagnole. Il y employa des mesures violentes qui lui donnèrent aux yeux des peuples l'air d'un conquérant. Les rois saisirent cette occasion pour appuyer l'erreur générale. De son côté, la Russie profita de ce traité amical non-seulement en s'annexant quelques territoires, mais par cette illustre alliance elle releva sa puissance aux yeux des peuples, et démoralisa ceux qu'elle opprimait. C'est au milieu de ces

circonstances et de ce prestige que s'insinua le principe du pansla-
visme. Mais le cabinet de Saint-Pétersbourg, après avoir goûté les
avantages matériels et moraux de l'alliance, voulut bientôt, selon
son habitude, s'affranchir des conditions qu'elle lui imposait. Ce pro-
cédé amena la guerre de 1812. Si l'Empereur Napoléon eût eu alors
l'intention de rompre radicalement le pacte de Tilsitt par le rétablis-
sement pur et simple de la Pologne, et si la Russie s'en fût aperçue,
elle eût cédé sur tous les points, sauf à ne tenir plus tard aucun
compte des obligations contractées. Mais il était prouvé pour elle,
d'après les dispositions statistiques de la Grande-Armée, que l'Empereur voulait la forcer seulement aux stipulations convenues, et non
la refouler dans ses justes frontières. Le contingent polonais, au lieu
de rester uni dans les provinces polonaises, pour servir d'appui à
une organisation nationale, fut disséminé dans la Grande-Armée, et
le point principal des opérations, le terrain avoisinant la Turquie,
fut confié au contingent autrichien qui devait secourir la Russie,
comme la Russie avait secouru l'Autriche en 1809.

Nous sommes convaincu que le plan eût été changé et la combinaison tout à fait modifiée, si les serviteurs diplomatiques de l'Empereur eussent été à la hauteur de ses généraux. Malheureusement le
général Sébastiani occupait le poste le plus important, celui de Cons-
tantinople. Les diplomates, les maréchaux envoyés à Saint-Pétersbourg étaient aussi sous le prestige du cabinet russe. — Brillants
militaires, ils n'avaient ni l'attitude, ni la ténacité sévère, ni la pénétration réfléchie d'un habile homme d'État. Caressés par la cour,
ils se laissaient séduire. Ils n'ont eu ni le sens de prévoir, ni le cou-
rage d'avertir quelles étaient la vraie tendance et la vraie puissance
de cette cour somptueuse ; faciles à succomber sous cette manœuvre
russe que M. de Custine appelle *enguirlandement*, ils n'ont pas su
découvrir en quelques années ce qu'a découvert plus tard, en deux
ou trois mois, la perspicacité de l'habile observateur. Cependant ce
dernier n'avait pas la mission de reconnaître les choses et d'en faire
son rapport. Il se présenta à Saint-Pétersbourg, avec toute la franchise de son admiration pour l'Empire de toutes les Russies et
même pour son pouvoir autocratique, et il recula d'horreur après l'a-
voir examiné.

IV

La nature de la puissance de cet Empire qui pèse sur l'Europe, et
la nature de son pouvoir autocratique, voilà les principaux points

définis pour comprendre sa raison d'être. Il est de toute nécessité pour nous de faire cette digression , car elle élucidera la thèse principale de notre étude, *savoir :* Quelles sont les forces que les trois États peuvent tourner contre la France si elle se mettait aujourd'hui à achever l'œuvre régénératrice entamée au commencement du siècle ?

On appréciait généralement la puissance de l'Empire moscovite d'après les règles qui constituent la force des autres États ; d'après l'organisation vigoureuse de ses ressources administratives, civiles, militaires et budgétaires. — Ensuite, on jugeait son pouvoir autocratique d'après le principe des anciennes monarchies absolues qui faisaient au moyen âge l'éducation des peuples lors de leur minorité, et on arrivait ainsi aux notions les plus fausses, aux solutions les plus erronées.

Or, quant au premier point : la puissance moscovite ne gît ni dans une administration réglée vigoureusement, ni dans les ressources et l'organisation militaires, ni dans son système budgétaire ; car sous tous ces rapports elle est d'une faiblesse signalée. Elle ne consiste pas non plus dans l'attachement des masses gouvernées par elle , au nom de la patrie ; car ce nom n'a aucun sens ni dans leur esprit ni dans leur cœur ; cette puissance , en un mot, que l'Europe sent si vivement sans savoir la définir, n'est autre chose que l'organisation grande et vigoureuse d'une immense *agence internationale* répandue dans toutes les parties du globe. Elle enveloppe celui-ci d'un vaste réseau au milieu duquel fourmillent et s'étendent de tous côtés ses multiples ramifications diplomatiques. Elles s'infiltrent adroitement par leur nature intrigante, par la corruption, par d'habiles insinuations dans tous les nerfs de l'Europe : dans le domaine de la science, dans celui de l'opinion publique, dans tous les partis qui divisent les pays, dans toutes les discussions de la publicité officielle ou non officielle et dans toutes les complications politiques. Cette agence aux monstrueuses proportions, chargée d'une dépense de plusieurs millions et d'un contingent d'agents innombrables, voilà la grande armée de la Russie! Appuyées sur cette phalange, les ambassades russes, bien plus savantes que les autres, habituées à étudier avec une habile et prévoyante sollicitude chaque variation qui s'opère sur le terrain qu'elles occupent, se sont presque toutes enracinées sur le sol confié à leur exploitation. Elles gardent fidèlement tous les fils des traditions et s'ancrent à merveille dans les ports occupés. C'est ainsi qu'au moyen d'innombrables agences de différents degrés, l'infatigable activité du cabinet de Saint-Pétersbourg, tout en embrassant les plus hautes sphères. descend aussi à travers les régions moyennes jusqu'aux plus humbles échelles de la société européenne. C'est ainsi qu'il introduit la confusion dans toutes les notions concernant son empire, son histoire et son action politique. Plein de terreur devant l'opinion publique, il trompe sa clairvoyance, en donnant à ses actes les moins loyaux une apparence favorable aux idées de la civilisation. L'Europe, se sentant sous la pression de cette influence ténébreuse, se trouble elle-même dans ses jugements et augmente par sa frayeur le prestige de la puissance russe. La franche publicité contre ces sourdes manœuvres, le dédain de l'opinion pour l'État qui les emploie, seraient les plus efficaces moyens de les dévoiler, de les compromettre à l'Occident et de les déconsidérer aux yeux des peuples opprimés. Voilà la définition de la puissance russe !

Quant à son pouvoir autocratique, il ne ressemble en aucune façon à l'ancienne monarchie absolue. Celle de la France, par exemple, poursuivait son développement extérieur d'après les aspirations des populations, selon les races, selon les assimilations, selon les éventualités pour former un Empire compacte. Ici, il ne s'agit ni des peuples, ni des races, ni d'éléments compactes, il s'agit de la possession *de la terre elle-même,* du globe entier, si cela se peut.

Lorsque, pendant la campagne de Turquie en 1827-28 le Feldmaréchal Dybitch hésitait à exécuter une opération pour ne pas subir une perte sensible dans l'effectif de ses soldats, le Tzar Nicolas le pressa par ces mots : « Faites! Les hommes naissent, la terre ne naît pas (1). »—L'envahissement successif des territoires, voilà la vraie mission de l'Empire de toutes les Russies! L'organe sacré de cette mission, c'est l'autocratie babylonienne! et l'instrument plus souple et plus tranchant que l'organisation militaire ou civile , c'est l'agence internationale semant jusque dans les notions des peuples éclairés ses émanations ténébreuses. « La raison d'être de l'Empire russe ne gît donc que dans la nature de son pouvoir illimité, dit un célèbre publiciste polonais en 1833 (2) , la moindre modification à cet égard ébranlerait l'édifice. — Or, ce pouvoir, ajoute-t-il, ne peut vivre qu'en faisant sa proie du bien d'autrui. Il ne rassasie sa faim qu'en dévorant les terres de ses voisins et n'assouvit sa soif que dans les larmes des peuples. »

La vérité de ce tableau est constatée aujourd'hui par tout ce qui se passe dans le Nord. Mais celui qui aurait voulu faire comprendre

---

(1) *Mémoire du sénateur polonais Niewcensir.* — Paris 1840, p. 340.
(2) Mochnacki. — *Sur le Caractère distinctif des conquêtes de la Russie.*

aux hommes d'État de l'Empire, aux généraux et aux maréchaux que la Russie n'est pas une nation, n'aurait provoqué qu'un sourire de dédain. Le manque de notions justes sur le terrain de l'action, voilà donc la seule et unique erreur de la campagne de 1812. Car tout le reste était admirablement calculé et prévu. Il suffit ici, pour compléter notre aperçu sur la nature de l'Empire russe, de citer quelques faits historiques du temps qui prouvent la justesse de notre assertion. Comment la Russie profita-t-elle sous Alexandre Ier, le plus séduisant de ses Tzars, des avantages que lui procura le Désert, le célèbre général *Hiver* et la Fortune? D'abord, au début du conflit, le Tzar employa les ressorts de son agence internationale de la manière la plus révoltante. Par corruption et par intrigue il sut soustraire aux archives du ministère des Affaires Étrangères, à Paris, un document important. On sait que le traître qui le livra paya de la vie sa perfidie. Puis, lorsque l'armée française démoralisée, non par la catastrophe, mais par le contingent perfide des alliés qui la trahissaient, se retirait en déroute, Alexandre mit le plus de rage à sa poursuite et à sa destruction. C'est lui surtout qui pressa non-seulement les souverains allemands contre son ancien allié, mais qui chercha à remuer les populations contre la France par les moyens les plus vulgaires, des promesses libérales qu'il ne voulait ni ne pouvait tenir. Il n'hésita même pas à s'employer personnellement en faveur d'une séduction corruptrice. Ayant appris que le général Moreau se trouvait à Teplitz, il partit de Dresde et se rendit chez le général, revêtu de l'uniforme d'un colonel. En entrant dans la chambre, il se rangea, fit le salut militaire, et lui dit : « Mon général, je viens demander vos ordres. » Moreau, quoique n'ayant jamais été présenté à Alexandre, le reconnut et fut stupéfait de cette attitude. Le Tzar le rassura en ajoutant avec gravité : « Je suis sérieux, je viens demander vos ordres, venez, et nous causerons. » On sait ce qui arriva. Moreau paya sa trahison, en tombant à Dresde à côté de son tentateur. Plus tard, lorsque le corps de Saint-Cyr capitula à Dresde, Alexandre viola la capitulation et retint prisonnier ce corps qui devait sortir libre, armes et bagages. Il n'eut d'autre mobile de le désarmer que pour l'humilier. Enfin, comme trait de reconnaissance d'Alexandre vaincu et gracié à Tilsitt, on peut citer celui par lequel il déclara le premier, son ancien allié et bienfaiteur *hors la loi*. Eh bien, Alexandre Ier, le doux et le libéral, n'a fait que remplir la fonction du Tzar. Tout autre à sa place l'aurait fait et le fera à son tour à qui que ce soit, si l'occasion se présente.

V

Heureusement la catastrophe de 1815 n'était pas le dernier mot de l'histoire de Napoléon Ier. Quoiqu'elle consolidât le crédit de la puissance moscovite, elle ne put ébranler l'œuvre de l'Empereur dans sa base la plus essentielle. C'est le moment de revenir au programme Napoléonien que nous avons ébauché plus haut et qui est si bien et si succinctement développé dans : *Idées napoléoniennes*. Nous ne faisons que le répéter en peu de mots en l'appliquant à la position actuelle. Cette répétition est sous tous les rapports importante : d'abord, pour que ce tableau se grave de plus en plus et mieux qu'il ne l'est dans l'esprit et dans la mémoire de tous les Français, puis pour qu'il se répande et se révèle à la perception des peuples qui aspirent à une individualité nationale, constituée d'après ce noble modèle. Enfin cette exposition tient à notre sujet, car elle nous permet de comparer à ce programme celui qui se prépare dans le Nord.

A côté de cette activité multiple et prodigieuse que dépensait l'Empereur Napoléon Ier, au gré des événements de guerre et de politique, son génie fut excité et absorbé par un autre genre de travail. C'est avec sollicitude que sa pensée se réveillait chaque jour, chaque heure, chaque minute, pour préparer, poser et consolider la base d'un système permanent propre à assurer l'avenir et la prospérité de la France et, par conséquent, de l'Europe. Tout ce qu'il a fait quant aux institutions, dans l'ordre moral, politique, social, économique, n'était qu'une semence féconde pour le temps de la paix générale. C'est une preuve qu'il y visait toujours. Ce qu'il a constitué comme législation en France peut s'appliquer avec quelques modifications à tous les peuples de l'Europe, tant les facultés, les aspirations morales et matérielles, les besoins et les faiblesses de la société humaine y sont saisis avec une justesse admirable.

Il prépara pour son perfectionnement une sage et solide barrière contre les passions, en posant le principe salutaire de l'instruction publique et en la répandant dans les masses. Donc il ne visa pas au despotisme. Il l'appuya sur le sens moral en faisant germer par des règlements bien ordonnés les vertus chrétiennes, civiles et militaires, et en développant cette précieuse et calme faculté de l'intelligence qu'on appelle : la Raison. Non pas cette froide raison d'intérêt qui nie et dédaigne tout noble sentiment, mais celle qui éclaire le cœur de l'homme « en se réchauffant elle-même à son foyer (1). »

Initiateur de toutes les améliorations morales qu'imposait l'époque, il n'oublia pas qu'il leur faut le point d'appui d'un ordre matériel sans lequel, triste cachet de l'infirmité humaine, toutes nos facultés d'esprit et de cœur se fanent et dépérissent. Il introduisit donc en France un nouveau système économique basé sur la prépondérance de l'agriculture, tendance naturelle du pays et de la race qui l'habitait. Il ouvrit enfin un vaste champ à l'industrie et au commerce et fraya la meilleure voie pour répandre en Europe les bienfaits du bien-être et de l'aisance générale. Toutes ces tendances du génie ne sont pas restées en termes spéculatifs. Toutes ses transformations inaugurant la nouvelle ère, appliquées à la France, sont devenues la source d'une puissance et de richesses que ni les revers survenus, ni les ébranlements éprouvés n'ont pu tarir jusqu'aujourd'hui. Elles se développent depuis 1851 à travers des crises émouvantes, mais fécondes, au milieu des nations du Sud et de l'Occident ; elles se répandent sourdement dans le centre de l'Europe empoisonné encore par le souffle malfaisant (2), et se relèvent avec plus de force dans le Nord et l'Est en entraînant puissamment l'âme et les aspirations des peuples de ces deux contrées.

VI

Le triomphe de la coalition arrêta la marche des idées napoléoniennes dans ces contrées. Ces peuples orphelins ne purent trouver dans les deux États, liés indissolublement aux destinées de la Russie, un pouvoir tutélaire pour développer, sinon leurs facultés morales et intellectuelles, au moins les ressources matérielles de leur sol productif et les avantages commerciaux de leur position géographique. Cela nous prouve que la sphère morale de l'humanité, tout abstraite qu'elle paraît, influe même sur son être matériel, selon le bon ou le mauvais principe d'après lequel elle se règle. Nous n'avons pas besoin d'entrer ici dans tous les détails du programme du Nord qui contredit celui de Napoléon. Pour confirmer l'impression que subit à cet égard l'opinion générale, tout imprévoyante qu'elle est encore, il suffit de quelques mots et de quelques faits.

(1) Idées napoléoniennes.

(2) Pensée de l'Empereur lui-même. Il s'exprime à Sainte-Hélène, et comparant Pitt à Fox : « Chez Pitt, dit-il, le génie dessèche le cœur ; chez Fox, le cœur rechauffe le génie »

En Russie, en Autriche et en Prusse, le sens moral ou la loi fondamentale des peuples et des États, par conséquent le droit du citoyen, l'éducation publique, l'organisation sociale et administrative, la méthode économique, sont autrement compris. Nous éluciderons en quelques traits leur signification et leur devise.

(*a*) Napoléon Ier, c'est un fait qu'il faut constater, n'exerçait dans tous les partis politiques de la France et de l'Europe qu'une autorité dictatoriale provisoire, mais indispensable pour accomplir sa mission. Après avoir subi la dictature sanglante de la révolution pour se défendre contre les agresseurs du dehors, après avoir essayé le faible et immoral gouvernement du Directoire, qui menaçait de dissoudre dans son sein tous les ferments de son grand avenir, la France adopta, par le suffrage universel, une dictature plus réglée pour faire face aux événements. « Si j'avais visé au despotisme permanent, disait Napoléon Ier, aurais-je posé le principe de l'instruction sur une aussi large base que je l'ai fait? Aurais-je préparé les bienfaits des lumières pour réveiller la raison et la dignité civique dans les générations futures? »

La thèse contraire posée par la Russie et l'Autriche et mise à exécution répond et constate la justesse de cette défense. « Instruire les générations, dit-elle, c'est préparer la révolte. » Cette assertion ne manque pas de logique. L'instruction publique, au point de vue moral, sérieusement développée au sein des peuples opprimés dans les trois États, préparait la ruine de ces États en raison de leur principe. Aussi au milieu d'eux les institutions de ce genre : les chaires, les universités, les écoles, n'existent que comme des lueurs trompeuses pour égarer la lunette des observateurs distraits de l'Occident. Une petite anecdote, très-véridique, nous instruira d'une manière très-décisive. Le général Bibikoff, gouverneur absolu des provinces polonaises méridionales du temps de l'empereur Nicolas, prononça, le jour de la fête de son souverain, un discours à l'Université de Kijew rassemblée par son ordre. En voici le sens : « Messieurs, dit-il, quel est le but de votre instruction que l'on soigne avec tant de sollicitude? Vous n'en avez pas à atteindre de plus élevé que celui d'adorer votre maître, l'Empereur et autocrate de toutes les Russies, de lui obéir sur la terre comme à Dieu dans le ciel. Je vous donne pour exemple moi-même! Que suis-je? Je n'ai rien appris, eh bien! voyez quelle position j'occupe. Je ne la dois qu'à mon adoration et à ma fidélité à l'Empereur. Faites donc comme moi (1). » — C'est en raison de ce

(1) *Mémoire du Sénateur*, etc.

système qu'on logeait les étudiants dans les casernes où ils eurent la
faculté des jouissances et des excès. Une sérieuse application à l'é-
tude mettait les curieux qui s'y adonnaient en suspicion et en danger. La haine contre le savoir se manifeste souvent par des actes
solennels du gouvernement moscovite. Dans toutes les insurrections
de Pologne, et surtout en 1830-31, les Russes s'emparaient, avant
tout, des bibliothèques publiques et les transportaient pêle-mêle,
semant quelquefois les volumes sur la route, jusqu'à Saint-Pétersbourg. C'est ainsi qu'ils ont saisi les bibliothèques de Varsovie, de
Wilna, de Krzemienietz en Volhynie, si célèbre par ses précieuses
collections. Déjà vers la fin de la campagne les troupes s'approchaient
à plusieurs reprises de Pulawy, avides de détruire la riche biblio-
thèque du prince Czartoryski. Un homme d'une intelligence
supérieure et confident du prince parvint à sauver la plus grande
partie de cette collection. Il l'embarqua sur la Vistule avant l'arrivée
des troupes russes qui, ne pouvant atteindre leur proie, lancèrent
des balles contre sa barque formant l'arrière - garde du convoi scien-
tifique (1). Les agresseurs revinrent pleins de rage de n'avoir pu
ravir aux Polonais ce rayon de lumière qu'ils voulaient plonger
dans les abîmes de leur ténébreux empire. Cependant cette manière
d'agir ne manque pas d'une certaine franchise.

Pas de franchise de la part de l'Autriche. Ici le même système,
aboutissant au même résultat, passe par des formes si tendues, si lan-
goureuses, si latentes, qu'on ne s'aperçoit de son effet qu'au moment
où le poison atteint la victime en imprimant à toutes ses facultés intellectuelles une impuissante atonie. Entrer dans l'examen de ce
spécimen d'obscurantisme ce serait écrire deux volumes. L'espace
nous manque ici ; mais nous invitons M. Alfred Michiels, l'ingénieux
et profond historiographe populaire de l'Autriche, à fournir quelques
renseignements curieux à ce sujet. Ce serait rendre service à cette
thèse posée par l'Évangile et recommandée aux fidèles du bien, de
cultiver la *connaissance du mal*.

La Prusse, quant à son système d'instruction publique, subit, il
est vrai, une impression bienfaisante qui modifie son programme,
conforme du reste à celui de la Russie et de l'Autriche. D'un côté,
placée en face de l'Occident, elle ressent l'influence de ses idées par
l'impression qu'elles exercent sur ses sujets. D'une autre part, elle
subit l'influence de la patrie allemande qu'elle aspire à représenter
devant l'Europe. Elle possède donc en faveur de l'instruction publi-

(1) *Mémoire du Sénateur*, etc.

que des institutions sérieuses. Mais les sujets polonais peuvent-ils être disposés à puiser leur culture dans un système rempli de haine contre leur langue natale, l'un des organes les plus perfectibles de la pensée humaine, héritière d'une ancienne et vaste littérature qui se résuma depuis 1822 dans de brillants et originaux chefs-d'œuvre?

C'est ici le moment de faire comprendre en quelques mots quel rôle joue l'Allemagne, proprement dite, entre les deux programmes de l'Occident et du Nord, c'est-à-dire quels sont ses rapports avec le contingent prusso-autrichien.

Si la Prusse, comme nous l'avons vu, puise dans le sentiment national de l'Allemagne le philtre assainissant son système asiatique d'instruction publique, elle inocule d'une autre part dans le sein maternel le poison de la théorie hétérogénique et le désir des conquêtes faciles et sans danger dont elle est dévorée. Comment s'était formée et développée sur toute l'étendue de l'Allemagne l'idée de patrie, de nationalité qui est la devise des peuples civilisés? Au lieu de fermenter au centre de la position géographique et ethnographique du pays pour établir un lieu rattachant les aspirations provinciales vers le même but ; au lien de s'absorber dans ce but, l'idée de l'unité allemande n'a fait que s'éparpiller en expressions convulsives, en ardentes convoitises au delà de ses limites naturelles. Sous l'influence hétérogène de la Prusse et de l'Autriche, elle court d'abord à la chasse des territoires où fourmillent quelques colonies allemandes. Poursuivant sous de tels auspices ces appâts lointains, elle engendre elle-même cette fatale avidité qui l'excite à réclamer les pays les plus étrangers à sa nationalité. C'est ainsi qu'elle perd la conscience de son principe vital et compromet, par conséquent, au sein de son propre foyer, cette force de cohésion qui seule pourrait l'établir en puissante nation. N'est-ce pas l'attitude qu'elle a prise en 1848, qui a annulé sa révélation représentée par le parlement de Francfort, qui l'a compromise et ridiculisée aux yeux de l'opinion publique? N'est-ce pas vers la même tendance que la poussent aujourd'hui les deux puissances, dites allemandes, en excitant ses appetits fiévreux par les mêmes appâts, en épuisant ses forces matérielles, en abaissant ses forces morales, pour écraser un petit État héroïque et libéral, et pour la jeter elle-même, ainsi qu'en 1815 et 1848, comme une proie à l'avidité du système du Nord? Ce n'est pas de ce côté que l'Allemagne trouvera le principe propre à constituer son organisation nationale, ce n'est pas non plus de ce côté que lui viendra l'assistance sympathique de l'opinion en faveur de son unité. La vérité et l'assistance ne lui viendront, l'une que par le programme occidental, l'autre que par son développement. Mais il faut pour cela qu'elle fasse voir à l'Europe la science sérieuse et austère du cerveau moderne de l'Allemagne, appliquée à la politique pratique, et non l'avidité brutale de l'ancien ventre germanique pourchassant le butin.

Lorsque sa conscience sera éclairée dans ce sens, elle saura repousser l'influence malfaisante de l'Autriche et de la Prusse. Appuyée par l'opinion des populations, elle pourra alors entraîner dans son mouvement les parties homogènes de deux États et, par conséquent, concentrer et résumer les éléments les plus précieux de sa nationalité.

(*b*) L'organisation sociale, administrative et militaire se développe au Nord sous les auspices du même sens moral qui préside à l'éducation. Le peuple polonais, plein de bien-être au moment du démembrement, ne supportait d'autre inconvénient que celui de sa minorité dans l'État. Son émancipation à cet égard, proclamée par la constitution de 1791, fut détruite. La législation moscovite l'a réduit à l'état de capital mobile du seigneur. Dès lors, on appela le paysan *âme* de tel ou tel propriétaire. Les tentatives d'émancipation furent réprimées même du temps d'Alexandre le libéral. L'Empereur actuel a fait tout pour arrêter l'exécution de l'affranchissement, qui n'a été proclamé en 1857 que pour tromper l'opinion de l'Europe. Nous insistons sur ce point en face des erreurs qui se propagent encore aujourd'hui dans certaines publications. Rien de plus facile que de constater, à qui veut, la vérité de nos assertions. Les ordonnances, les documents et les faits les plus éloquents constatent que les dispositions du cabinet de Saint-Pétersbourg étaient hostiles à une franche émancipation.

L'Autriche a suivi un système plus étudié et plus lent. Elle propagea depuis 1772 la division entre les propriétaires et les simples agriculteurs, et par une ordonnance réduisit le travail, qu'elle trouva réglé d'après la valeur du terrain, en corvée personnelle (1). Il était dangereux pour les propriétaires galiciens de réclamer l'émancipation. Aussi tous les efforts à ce sujet ne tournèrent qu'au détriment de ceux qui les tentèrent. Lorsque enfin le gouvernement de Vienne, sous le poids des événements de 1848, fut obligé de se décider, il proclama en son nom le don des terrains, fait par les propriétaires, pour se ménager des moyens de division entre les uns et les autres.

La Prusse proclama le même don en 1828 dans toute la monarchie.

---

(1) L'article de *la Revue contemporaine* du 30 juin 1858, sur « *l'Affranchissement des serfs en Russie*, par M. Paul Saint-Vincent, » expose assez largement ce système.

Quoique appuyée dans cette opération bien plus par les propriétaires de sa province polonaise que par ceux des autres, elle fit comme l'Autriche, elle livra en son propre nom les propriétés d'autrui.

(*c*) Après avoir exposé le système d'instruction et de transformation social introduit par les trois puissances, il y a peu à dire sur les qualités de leurs administrations, car elles se sont relevées d'elles-mêmes devant l'Europe par les ordonnances officielles, par leur conduite et par les actes les plus éloquents. Quant à la Russie, elle a offert à la vue de l'opinion l'aspect des annales les plus sombres du globe. Son administration se présente aujourd'hui pour la première fois peut-être dans sa nature essentielle de vol et de pillage organisés. L'Europe, tout en accusant quelquefois cette administration, ne l'a pas encore envisagée d'après cette nature qui est, pour ainsi ·dire, la raison d'État puisée dans la conformation de l'Empire. Devant elle fléchit même la toute-puissance de l'autocrate ; Alexandre Ier et Nicolas, après avoir voulu lutter contre elle, furent obligés de reculer. Cette lutte si louable de leur part se termina par des ukases d'une contradiction étrange. Au surplus, le peuple moscovite définit lui-même son administration par ce proverbe d'ancienne date :
« La chèvre dépouille l'écorce, le loup écorche la chèvre, le pâtre dépouille le loup, le zasidatel (officier de police) pille le pâtre, le procureur vole le zasidatel, le Tzar dépouille le procureur, et le diable seul vole le Tzar (1). »

Les administrations austro-prussiennes, sauf la forme et les nuances, professent le même principe, surtout envers les populations étrangères. On les connaît assez pour que nous nous entendions à ce sujet. Il suffit de dire que dans les trois États il se répand parmi les masses une confusion regrettable sur le droit de la propriété, elle ne s'arrête que devant le trouble de la conscience du peuple polonais.

(*d*) Enfin la constitution de ce grand levier des richesses qu'on appelle bonne méthode économique, ne peut non plus être admise dans le sens de la méthode occidentale. Ici les trois cours sont parfaitement d'accord. On sait que le bien-être général amène l'indépendance matérielle. Celle-ci assurée, la dignité individuelle se développe et fait épanouir les aspirations des peuples, s'ils ne sont pas déchus, en dehors de la vie ordinaire, vers un but moral. Ce n'est pas là le but du Nord. Le contact de la Pologne traditionnelle et historique avec les éléments moraux qui constituent l'Occident

---

(1) « Werbu koza dierot', kazu wotk dierut', wotka pastuch dierot', pastucha zasidatel dierot', zasidatela prokuror dierot', prokurora hosudar dierot', hosudara sam crorf dierot'. »

avertit que, même sur ce point, innocent en apparence, il ne lui est pas permis de suivre les idées européennes. Aussi toutes les entreprises agricoles, industrielles ou commerciales y sont défendues. Les propositions les plus pacifiques à ce sujet sont passées sous silence, éludées ou détournées au détriment de la propriété nationale. L'Autriche surtout n'a jamais admis aucune amélioration tendant à relever le bien-être de l'une des plus belles et des plus riches provinces de la Pologne. M. Alfred Michiels a fait dans sa brochure : *L'Autriche dans la question polonaise*, un succinct aperçu sur l'épuisement auquel le régime actuel a réduit la Galicie. La Prusse, mue par le même motif, détruisit, par une ordonnance, qui n'était qu'une chicane financière, la société du Crédit Foncier du Grand-Duché de Posen, dont les valeurs se maintenaient au-dessus des autres valeurs à la Bourse de Berlin.

VII

Tel est l'aspect général du programme du Nord, qui contredit dans les quatre propositions que nous venons d'exposer le programme occidental. Il le contredit aussi dans la grave question de la régénération du pouvoir royal · « Dans la sainte alliance des peuples par les Rois » ; car il constitue « La sainte alliance des Rois contre les peuples. » Chateaubriand a fini lui-même par faire ce triste aveu que la vieille royauté « a perdu les nations de la terre. » Rien de plus vrai, et cela date surtout de Louis XV. Absorbée dans la contemplation de sa propre Majesté, elle n'a vu en Elle que le lustre de famille, et non la représentation suprême des peuples. Du contrat entre elle et le peuple, elle effaça les rudes devoirs que remplissaient ses ancêtres. Elle ne conserva que la jouissance et le faste au moment où le peuple commençait à acquérir le sentiment du devoir civique, et, par conséquent, le droit de l'exercer.

Régénérer les anciennes races royales en les mettant d'accord avec les exigences du temps, fut l'une des plus belles pensées de Napoléon Ier. Il l'eût accomplie s'il n'avait pas mêlé à ses combinaisons les royautés du Nord nées en dehors des intérêts de l'Europe. Ces dernières, après avoir triomphé, mirent tout en jeu pour empêcher les anciennes races d'Occident et du Sud de s'assimiler aux idées modernes. Elles les tentèrent par l'appât d'un pouvoir illimité, s'appuyant sur le contingent sauvage des hordes asiatiques. Elles imprimèrent ainsi à quelques-unes de ces royautés expirantes une sorte de vie galvanique, en leur inculquant, sous le prétexte de la propagande anti-révolutionnaire, le poison corrosif de l'absolutisme. Nous avons vu quelques-unes de ces cours fonctionner en Italie sous les auspices de l'Autriche jusqu'en 1859. La pensée de l'Empereur Napoléon Ier n'a pu s'exécuter sous lui. Le fil de cette pensée s'est compliqué par le traité de Tilsitt, et s'est rompu sous la catastrophe de 1815. Mais sur ce point comme sur d'autres il en reste assez pour le profit de la prospérité. Depuis la restauration de l'Empire Français, il est facile de s'apercevoir que le fil se renoue et que l'œuvre de régénération reprend enfin sa marche ascendante pour consoler l'ombre majestueuse de son initiateur. Ne voyons-nous pas déjà, à côté de la France et de l'Angleterre, se constituer d'autres monarchies d'après le même principe? Les dynasties d'Espagne, de Portugal, de Belgique, de Suède, le représentent noblement. N'avons-nous pas assisté au grand remaniement de l'unité italienne? Travail séculaire d'une des plus illustres familles souveraines, relevée aujourd'hui par un chef chevaleresque et généreux, doué de qualités supérieures de l'esprit et du cœur, et joignant la fermeté de caractère à cette finesse alliée à la bonté naturelle qui, inflexible devant la justice, détruit les obstacles et réduit la résistance sans rien perdre de son prestige.

VIII

Quoique les deux programmes que nous venons d'exposer soient en hostilité permanente depuis les trois quarts du siècle, l'Empereur Napoléon III, qui ne s'appuie pas sur la raison de la force, mais sur celle de la justice, les convie tous les deux au congrès. Une délibération auguste de tous les souverains assemblés aurait pu arriver peut-être à une solution pacifique en éclairant la conscience des uns sur le véritable état de leurs peuples, en affermissant celle des autres dans l'accomplissement de la tâche que leur impose la civilisation. Mais au milieu de l'inertie diplomatique que produit l'attitude de l'Angleterre, l'espoir d'un congrès général s'est envolé et l'opinion semble s'accrocher à la probabilité d'un congrès restreint, croyant avec raison que celui-ci pourrait influer sur les décissions ultérieures des puissances qui veulent s'abstenir. En ce cas, les monarchies régénérées, à part l'Angleterre, se mettraient toutes du côté de la France, du côté de la pacification générale. En outre, la Turquie, et c'est un point d'action soit diplomatique, soit stratégique des plus ·importants, la Turquie est toute prête à faire cause commune, entraînant avec elle l'Orient asiatique sur lequel elle exerce encore une immense influence.

Quel que soit le moyen qu'on emploie pour résoudre le grand problème de la future organisation européenne, soit les conférences diplomatiques, soit la guerre, la question polonaise sera dans la première alternative, quoi qu'on fasse, le mot de la situation, et dans la seconde, par sa position géographique et stratégique, par son influence morale sur les peuples, par de graves intérêts qui la lient à la sécurité de la Suède et de la Turquie, elle deviendra le pivot autour duquel doivent tourner les chances des combats.

Dans chacune de ces éventualités, il est essentiel que l'esprit public en France prenne une attitude conforme aux ressources et à la puissance de l'État ; car, depuis 1815 jusqu'à 1853, dans toutes les affaires extérieures de première importance, il joua presque toujours un rôle secondaire. Le Tzar Nicolas, dans ses combinaisons envahissantes contre l'Orient, le traita, ainsi que l'attestent les documents authentiques, comme un obstacle de peu d'importance. Il fallait en 1853 une main puissante, et un large pouvoir dans cette main, pour relever l'État de cette position qui n'était pas digne de sa grandeur ; il fallait aussi toute la sagesse du pouvoir pour entraîner le noble peuple anglais, en dépit des vues étroites de son cabinet, dans la voie de l'alliance, et pour s'emparer ainsi, par une ferme initiative, de l'une des plus graves questions de l'Europe. Il est vrai que la guerre de Crimée ne rapporta pas les avantages décisifs qu'on aurait dû recueillir, à cause des ménagements qu'il fallait garder envers les exigences du cabinet de Saint-James, allié indécis dans sa marche, jaloux dans ses allures et suivant les traces de l'Autriche.

Après une longue *passivité*, c'était la première entrée de la France sur la scène active des intérêts internationaux. Elle se posa de la manière la plus brillante par le Traité de Paris Eh bien ! l'opinion diplomatique, l'opinion des sphères éclairées qu'on appelle *conservatrices*, assistait-elle le pouvoir, lorsqu'il préparait cette entrée ? Non ! nous nous rappelons par leurs journaux quelle fut la résignation de ce parti en face du danger menaçant l'équilibre. Il ne marcha que plus tard, poussé d'en haut ; mais de lui-même il ne prit pas l'attitude désirable. Nous l'avons vu dans les mêmes dispositions lors de la guerre d'Italie. Le parti libéral seul se mettait alors du côté du gouvernement. — Enfin, dans la position bien plus grave où se trouvent actuellement les affaires générales, les conservateurs, et même une fraction des libéraux, doutent de la puissance de leur patrie. Les uns se résignent encore une fois à se reposer derrière leur barrière du *statu quo*, pour jouir du présent, les autres ne veulent plus travailler qu'en faveur des améliorations intérieures. Pour précipiter « le couronnement de l'Édifice, » ils cherchent, au moment où gronde la tempête autour de leur pays, à affaiblir l'autorité suprême par des concessions intempestives, lorsque celle-ci doit apparaître dans tout le prestige de la force et de la confiance qu'elle inspire au peuple. En inculpant le parti libéral, il va sans dire que nous n'inculpons pas la masse de la population française qui vise aussi à une large liberté, comme dernier but de son travail national. Nous n'accusons que quelques-uns de leurs chefs ou meneurs. Leurs pareils ont pris autrefois la cause polonaise en mains comme pur prétexte d'opposition contre l'autorité. Ils l'ont ainsi déconsidérée, et, arrivés au pouvoir, ils l'ont abandonnée comme un embarras. — Ceux d'aujourd'hui, à part quelques nobles exceptions, après avoir adopté cet abandon, cherchent à planter une oasis pour une liberté précoce au milieu des précipices que creuse jusqu'au centre de l'Europe le système destructif du Nord. Et les uns et les autres appuient leur résignation, quant aux affaires internationales, sur cette hypothèse absolue : que la France isolée n'a pas de force pour relever l'ordre et assurer la sécurité de l'Europe.

IX

Comptons donc les ressources de la France, pour ravir aux deux partis cette conciliante résignation, pour ne pas laisser roidir leur conscience dans une conviction si peu digne de leur patriotisme. Enlevons, au moins, à cet entraînement pernicieux, la masse populaire qui se laisse souvent guider par les talents et les lumières, sans se méfier des petites passions qui leur prêtent souvent des reflets illusoires. Puisse cette masse ne pas dévier de la voie de son instinct sublime et infaillible, de celle de ses nobles sentiments, pour appuyer et assister son pouvoir suprême dans la tâche de pacification générale!

L'exposition que nous avons faite de la lutte entre les deux systèmes du Nord et de l'Occident nous fournit déjà quelques notions sur la *véritable force de la France*. Mais pour résumer ce que nous avons dit à cet égard et ce que nous avons à ajouter ici, il faut envisager les forces de la France sous un double point de vue. D'abord celui de ses ressources matérielles. On reconnaît généralement celles-ci. On sait que la France, à part son étendue et sa population belliqueuse, est, par son organisation civile, militaire, et par son système économique, la plus vigoureuse puissance du continent et au terme le plus régulier de cette dénomination. Mais on ne l'a pas encore entrevue sous une autre face, on n'a pas examiné les éléments de force qu'elle puise dans sa position morale envers les autres États, et qui, bien précisés, bien pesés, dépassent par leur poids les armées et les flottes. Dès son début dans la carrière de la civilisation, et surtout depuis le premier Empire, elle entraîne vers l'horizon de ses idées tous les éléments de la société européenne, elle attire par la puissance d'une franche attraction toutes les sphères, toutes les échelles sociales que la Russie cherche à dominer au moyen de cette secrète, subtile et monstrueuse machine que nous avons présentée sous le nom d'*Agence internationale*. Cette puissance d'influence générale que la Russie cherche à acquérir au profit du mal par un travail souterrain qui est le cachet de son origine comme race et Empire, la France la possède au profit du bien par le don généreux de la Providence, comme le sceau du passé, de sa carrière chrétienne et chevaleresque. En descendant de ce coup d'œil général vers quelques détails, nous dirons que la France exerce une influence d'une grande portée sur tous les royaumes constitués d'après son principe, puis sur les États secondaires dont la garantie dépend de la reconnaissance de ce principe, ensuite sur les États marquants qui sont eux-mêmes en crises perpétuelles au milieu des violations successives du droit des gens. D'un autre côté, elle plane par un prestige dont elle n'apprécie pas l'importance sur tous les peuples, sur ceux dont les idées sont identiques aux siennes, sur ceux qui y aspirent et dont les divers territoires font en grande partie la base principale de la puissance du Nord, sur ceux qui servent d'aveugles instruments à ce système, et on pourrait même dire jusque sur les peuples les plus sauvages. Enfin, il existe à côté d'elle, et dans d'autres conditions, un peuple dont la civilisation égale la sienne, auquel son histoire, l'une des plus compliquées et des plus sérieuses, imprima le caractère d'une trempe peu commune, et qui, par ses aspirations aux bienfaits de la paix, concorde avec les idées françaises. Nous parlons du peuple anglais. La France, quoi qu'on dise, peut compter sur son contingent moral et sympathique. C'est lui-même qui modifie, par la puissance de son opinion, les tristes passions de jalousie et de rivalité de son gouvernement, entravant sa marche dans la voie d'une franche alliance dont l'avénement serait le précurseur de l'harmonie universelle. Chez ce peuple, une cause juste, libérale, fait un long tour avant de fixer l'opinion en sa faveur ; mais une fois fixée, celle-ci entraîne peu à peu les régions routinières de la diplomatie. Les faits tels que la guerre de Crimée et d'Italie, entraînant la chute des cabinets les plus hostiles à la France, prouvent l'influence par laquelle la France peut tourner les obstacles qui lui viennent de ce côté.

N'est-ce pas aujourd'hui la vraie raison d'État pour la France d'examiner, de compter et de résumer toutes les forces que lui fournit la Providence et que nous venons d'énumérer ? Mais ces mêmes forces sont à double tranchant lorsqu'on les méconnaît, lorsqu'on ne s'en sert pas. Lorsqu'on cherche avant tout les alliances de puissances apparentes, fortes pour soutenir la barbarie, mais faibles, par leur nature organique, pour assister la civilisation, alors on démoralise les États fidèles, on provoque la méfiance des États secondaires, mais importants, dont les intérêts se rattachent à la prépondérance française, et on paralyse la force morale de tous. C'est ce qu'a toujours fait la diplomatie française depuis le dix-huitième siècle. Sa faiblesse, en face de la coalition du Nord, n'a d'autre source que sa propre conduite. Il suffisait que l'une de ces puissances, Russie ou Autriche, paraisse s'allier à elle pour que la France les accueille avec confiance. Une telle alliée devenait sa gardienne jalouse ; profitant de sa confiance, elle la faisait agir sur le terrain inconnu contre la nature de sa mission, contre les éléments essentiels de ses immenses ressources.

X

Quoique en ce moment l'alliance avec la Russie, la plus nuisible de toutes, ne soit pas à craindre, elle a cependant des partisans dans certaines fractions du parti conservateur et même libéral. Nous dirons donc quelques mots sur les dangers et les inconvénients qu'elle présente pour la France, sans jamais pouvoir lui offrir aucun avantage. Pour expliquer le sens de cette alliance, il faudrait d'abord admettre entre les deux États le même principe et le même but politique. Or, pour la Russie, il n'y en a pas d'autre que celui des conquêtes. L'industrie, le commerce, l'administration et tous les perfectionnements admis par la civilisation comme moteurs pacifiques, deviennent dans ses mains des instruments actifs, propres à faire étendre son système de l'autocratie barbare ; c'est le caractère de sa carrière séculaire dont elle ne s'est jamais écartée.

Sa barbarie est une barbarie agissant sous le souffle d'une individualité distinctement définie. Elle ne cède ni à la persuasion, ni au
prestige de la civilisation dont elle s'approprie les instruments,
mais à la force et à l'imposition. Chose étrange, un roi de Pologne,
Sigismond-Auguste, contemporain d'Ivan le Terrible et d'Élisabeth
d'Angleterre, avertissait cette dernière, en relations pacifiques et
commerciales avec le Tzar, de cette nature de son empire. Ivan
lui-même ne céda, ne cessa ses massacres, qu'après avoir été réduit
plus tard par les armes de Balori. Ses sujets furent donc délivrés
vers la fin de son règne de ses cruautés par la force et l'imposition.
Le règne de son successeur ressemblait à celui du Titus romain. Le
dédain de l'opinion, voilà le vrai moyen d'arrêter leur barbarie. Si
la Pologne subjuguée exerça quelque influence sur le libéralisme
russe, c'est par cette irrésistible et involontaire expression de
mépris que manifestaient les esclaves doués des qualités supérieures, morales et intellectuelles, en face des maîtres brutes qu
les accablaient. L'indignation souvent manifestée par l'opinion publique en France appuya merveilleusement l'effet de cette attitude.I
Aussi l'alliance à laquelle on donne ici le nom de franco-russe, est
appelée au Nord et en Orient, avec plus de raison, alliance russofranque, car la dernière n'est ici, par sa valeur morale, que la
source où la première puise son crédit dans l'opinion et ses ressources d'intrigues pour une action tout à part, contradictoire au
parti conclu. Ce que nous venons de dire prouve qu'il est impossible
aussi d'établir cette alliance sur la régénération présumée de la
Russie, car avant que cette régénération se déclare d'une autre
manière dont nous parlerons plus tard, l'alliance ne ferait que
l'entraver. Au surplus, nous avons pu apprécier les effets de ce
système par les actes d'Alexandre Ier, nous l'avons signalé dans les
conséquences du traité de Tilsitt.

L'Empereur Napoléon Ier, ainsi que nous l'avons démontré,
conçut l'idée de cette alliance dans l'intention généreuse et désintéressée d'associer à son œuvre un monarque qui lui semblait inspiré
par des pensées généreuses. Il régla là-dessus son action d'après
les renseignements fournis par un élément à la sagesse duquel tout
le monde croyait encore, à la science et à la tradition diplomatique.
Malheureusement cette science était falsifiée, cette tradition faussée.
En outre, la position était bien autre qu'elle n'est aujourd'hui. Dans
la nature des circonstances, il y avait une fatalité qui traversait le
programme de Napoléon-le-Grand. Au milieu des peuples en minorité, au milieu des idées confuses qui fumaient du fond des débris de

l'ancien ordre, pouvait-il tout seul relever un nouveau monde ? La destinée humaine n'a peut-être pas voulu que les nations qui n'ont pas encore été éprouvées par leurs propres efforts, retrempées dans les luttes et disciplinés par les déceptions et les souffrances, se trouvassent installées par la toute-puissance d'un seul homme, tout extraordinaire qu'il fût, dans le paradis terrestre de son programme. Cette fatale destinée permit à un serpent au doux regard de se glisser dans l'enceinte enchantée et de consumer les précieux éléments de cet édifice avec le brasier de son fourneau infernal.

La position actuelle des choses est bien différente. Les grands événements ont répandu sur les idées confuses de la philosophie et de la fausse tradition diplomatique les rayons d'une lumière qui dévoile les abîmes politiques. La froide et patiente politique de l'Empereur Napoléon III a contribué à faire jaillir cette lumière. En marchant toujours sur les traces de son prédécesseur, l'Empereur a eu aussi la même idée généreuse. Après avoir vaincu la Russie par les armes et après avoir entretenu l'empereur Alexandre II, il a cru pouvoir, au moyen des qualités personnelles du Tzar, arriver à la transformation nécessaire de son empire, ce qui pouvait faire d'une horde nomade de 35 à 40 millions un nouveau et grand peuple. Il y a eu des promesses faites pendant et après le Traité de Paris, mais une fois les rapports avec la France rétablis, le cabinet de Saint-Pétersbourg se souciait fort peu de remplir ce qu'il avait promis par son ambassadeur. Rien n'était pris au sérieux : ni affranchissement des serfs, ni réformes en Pologne. Les encouragements et les éloges du public français, loin de stimuler le zèle en faveur de ces améliorations, encourageait le cabinet de Tzazckoïe-Cielo dans son entreprise séculaire de détruire la nationalité polonaise. Telle était, du reste, toujours, sa politique en face des encouragements et des applaudissements. On peut le prouver par les faits patents. Au surplus, la Russie croyait cette œuvre plus facile. Elle espérait voir les Polonais s'amollir devant les menaces, se démoraliser devant l'alliance française présumée. Le mot : « Pas de rêveries, » comme réponse aux promesses, fut prononcé à Varsovie et mis en exécution immédiate comme entrée dans les réformes annoncées. Heureusement les nations ont mûri , elles savent que sans les sacrifices on ne peut expier les fautes et les négligences du passé. Les Polonais ont tenu bon malgré la douceur de leurs procédés avec les hordes brutes qui saccageaient le pays ; d'un autre côté, les conseils intimes et les sollicitations de l'Empereur Napoléon III n'ont produit aucun effet, sans que pour cela la confiance de l'Empereur s'ébranlât, sans que l'ange gardien de sa patience l'abandonnât, afin de ne mettre aucun tort de son côté. C'est le serpent de l'État moscovite qui s'est lassé le premier, il n'a pu prolonger la douceur de son regard, il étouffa toutes les bonnes qualités de son Tzar, montra son dard empoisonné et se démasqua devant l'Europe. Alors l'alliance russe fut congédiée avec politesse.

Délivrée du poids de la transformation impossible de l'État moscovite, dont elle s'est généreusement chargée, la France pourra l'abandonner à son propre sort. Refoulé du côté de l'Europe, refoulé par l'action de l'Angleterre et de la Turquie du côté de l'Asie, où il ne fait qu'abâtardir les populations en les excitant à des violentes révolutions, il se recueillera dans ses immenses déserts. Le peuple moscovite, s'apercevant qu'on ne vole nulle part que chez lui, qu'il n'y a plus rien à voler au dehors, atteindra par cette situation isolée la seule chose qui lui manque, la perception du sens moral, et aspirera au programme de Napoléon Ier qu'il avait méconnu. La France, libre de la charge de le convertir, apparaîtra dans toute sa force morale et matérielle, et imposera aux puissances avides de conquêtes ce que tout le monde veut qu'on lui impose : la paix durable, la sécurité de l'avenir et une large liberté comme « couronnement de l'édifice. »

Les partis politiques et sociaux de la France réfléchiront seulement que, pour arriver à cette fin, il faut suivre d'abord la vérité qui est au début de notre étude : il faut « que la grande planète accomplisse en ce moment sa circonvolution solaire pour pouvoir tourner paisiblement sur son axe quotidien. »

FIN.

Paris, imp. de L. TINTERLIN, rue Neuve-des-Bons-Enfants, 3.